Comentários ao Decreto 10.024/2019.

Novo Decreto do pregão eletrônico

Alexis Fernandes

Apresentação

O Decreto nº 10.024/2019 foi editado em 20 de setembro de 2019 com a finalidade de regulamentar a licitação, na modalidade pregão, em sua forma eletrônica, para a aquisição de bens e a contratação dos serviços comuns, incluídos os serviços comuns de engenharia.

Regulamenta também o uso da dispensa eletrônica em substituição à cotação eletrônica que atualmente atende apenas a

aquisição de bens. A SEGES[1] está trabalhando para que a cotação eletrônica possa, até a disponibilização do sistema de dispensa eletrônica, abranger o maior número de itens do artigo 24 da Lei 8.666/93.

O Decreto traz uma necessária modernização à forma eletrônica do pregão, assim como atinge também os subnacionais[2], ao tornar obrigatório o uso dessa modalidade nas compras de bens e nas contratações de serviços, quando os recursos a serem utilizados por eles sejam oriundos de repasses voluntários da União.

Nasce com perspectiva de ser brevemente revogado, pois se tem a expectativa de que a nova Lei de Licitações e Contratos, que virá substituir a atual Lei 8.666/93, seja sancionada até meados de 2021. Isso ocorrendo, o Decreto 10.024/2019 estará presente até o término do período de transição, após o que deverá ser revogado.

No entanto, estamos falando de no mínimo 2 (dois) anos para convivermos com as novas regras para pregão na forma eletrônica. Estas alterações requerem uma mudança por parte dos licitantes na forma de ver e operar a licitação.

A cada mudança que a SEGES vem fazendo na forma de operar as compras públicas, realiza também uma salutar filtragem no estilo de licitantes que o governo busca nas suas contratações. Empresas e profissionais éticos, capacitados e conhecedores da legislação, sabedores das obrigações que assumem ao contratar com os órgãos da administração pública em qualquer de seus níveis.

Alexis Fernandes. Outubro 2019

atualizado em maio 2020

Objeto e âmbito de aplicação

Regulamenta a licitação na modalidade pregão, em sua forma eletrônica, para a aquisição de bens e a contratação de serviços comuns, incluindo os serviços comuns de engenharia.

Por serviços comuns podemos entender todos os serviços, inclusive os de engenharia que possam objetivamente ser discriminados no edital, de forma clara e concisa, possibilitando que todo e qualquer licitante que atue no ramo e que explore o objeto ou serviço licitado possa apresentar proposta válida.

A modalidade pregão em sua forma eletrônica deixa de ser preferencial e passa a ser obrigatória para todos os órgãos da administração pública direta, pelas autarquias, pelas fundações, pelos fundos especiais e pelos subnacionais quando os recursos utilizados na licitação em comento, forem oriundos de repasse voluntário da União.

A obrigatoriedade de utilização do pregão em sua forma eletrônica, neste caso, está vinculada aos prazos descritos na Instrução Normativa nº 206, de 18/10/2019, ou seja:

- A partir de 28/10/2019, para os Estados, Distrito Federal e entidades da respectiva administração indireta.

- A partir de 3 de fevereiro de 2020, para os municípios acima de 50.000 (cinquenta mil) habitantes e entidades da respectiva administração indireta.

- A partir de 6 de abril de 2020, para os municípios entre 15.000 (quinze mil) e 50.000 (cinquenta mil) habitantes e entidades da respectiva administração indireta.

- A partir de 1º de junho de 2020, para os municípios com menos de 15.000 (quinze mil) habitantes e entidades da respectiva administração indireta.

Para as empresas públicas, as sociedades de economia mista e suas subsidiárias, que são regidas pela Lei 13.303, de 30 de junho de 2016, a utilização das disposições do Decreto 10.024 é facultativa. Caso queiram e nos termos de seus regulamentos internos poderão adotar, naquilo que couber, as disposições emanadas.

Exceções à obrigatoriedade

Será admitida excepcionalmente a utilização da licitação na modalidade pregão em sua forma presencial quando inviável sua forma eletrônica por questões técnicas ou demonstrada desvantagem para a administração. Essa excepcionalidade deverá ser devidamente e antecipadamente justificada.

Pelo tamanho de nosso país, alguns municípios em regiões mais afastadas enfrentam dificuldades de conexão a internet, fator este que pode inviabilizar a forma eletrônica do pregão.

Não obstante as dificuldades enfrentadas, diversos municípios pelo país já vêm trabalhando para contornar esta dificuldade técnica, seja com a adoção de investimentos tecnológicos no município, seja com o deslocamento dos setores de licitação para as capitais dos estados.

A exceção também se dará nos casos em que a lei ou a regulamentação específica que estabeleça a modalidade de transferência discipline de forma diversa as contratações com os recursos do repasse.

Vedações

O Decreto 10.024/2019 veda expressamente em seu artigo 4º a utilização do pregão em sua modalidade eletrônica quando se tratar de contratação de obras, locações imobiliárias e alienações e para a contratação de bens e serviços especiais, incluídos aí os serviços de engenharia cuja alta heterogeneidade[3] ou complexidade técnica não possam ser considerados bens e serviços comuns.

Interessante lembrar o que, segundo o Decreto 10.024, são considerados bens e serviços comuns: *"bens cujos padrões de desempenho e qualidade possam ser objetivamente definidos pelo edital, por meio de especificações reconhecidas e usuais do mercado".*

Para que seja possível a correta interpretação das vedações ao pregão eletrônico previstas no artigo 4º, faz-se necessário buscar a definição de obra constante no inciso VI, do artigo 3º, "construção, reforma, fabricação, recuperação ou ampliação de bem imóvel, realizada por execução direta ou indireta".

Forma de Realização

A realização da licitação na forma pregão eletrônico se dará por meio da utilização do sistema de compras do Governo Federal, conhecido como Comprasnet, e disponível em www.comprasgovernamentais.gov.br. O sistema é dotado de criptografia e de autenticação que visa garantir a segurança em todas as etapas do certame.

Quando as compras e contratações se fizerem em atendimento ao disposto no artigo 1º, em seu parágrafo 3º, (subnacionais com recursos oriundos de repasse voluntário da União), poderá ser utilizado o

Comprasnet mediante convênio entre o ente subnacional e a União, ou a critério do mesmo, a utilização de sistema próprio ou de terceiros, desde que o sistema esteja integrado *à* plataforma de operacionalização das transferências voluntárias.

Etapas do Procedimento

Para a correta aplicação do Decreto e realização do pregão, na forma eletrônica, a SEGES previu etapas que devem ser cumpridas pela administração, são elas:

1. O planejamento da contratação que deverá ser iniciado com o Estudo Técnico Preliminar - ETP, sempre que necessário.

2. A administração, tomando por base as definições do ETP, irá gerar o

termo de referência e o edital que irá servir de regra para a disputa que se avizinha.

3. O parecer jurídico, segundo orientações do Tribunal de Contas da União, deverá verificar a existência do estudo técnico preliminar como condição *sine qua non* para a validade do procedimento. Caso o mesmo seja considerado necessário, essa condição será validada pela assessoria jurídica durante a emissão de seu parecer.

4. A publicação do aviso da licitação deverá ser feita em Diário Oficial do ente federativo e no sítio de internet do órgão responsável pela licitação. A norma não mais prevê a publicação em jornais de grande circulação, razão pela qual entendemos ser esta prática desnecessária quando se

tratar de procedimento licitatório regulado pelo Decreto 10.024/2019.

No entanto, apesar de não haver essa previsão na norma, queremos crer que quando se tratar de consórcios públicos, a publicação deva ser feita no Diário Oficial do ente de maior nível administrativo.

Caberá aos licitantes a publicação de sua proposta no sistema até a data prevista para abertura da licitação acompanhada, obrigatoriamente, dos documentos de habilitação constantes no edital.

A documentação de habilitação ficará em sigilo para todos, pregoeiro, equipe de apoio e licitantes, até o término da disputa de preços, ocasião na qual, após a aceitação da proposta, a mesma estará disponível para julgamento e consulta.

O pregoeiro e a equipe de apoio, após o encerramento da recepção das propostas e do início da sessão pública, realizarão a análise das propostas apresentadas para verificar se as mesmas atendem aos requisitos do edital. Ocasião na qual poderão, fundamentada e justificadamente, desclassificar os licitantes que não estejam de acordo com o disposto no regulamento do certame.

A desclassificação impedirá ao licitante participar das demais fases do processo, cabendo a este o direito a recurso após o encerramento do certame, caso julgue que sua desclassificação foi infundada.

A maior mudança nessa fase do processo se dá em relação ao envio da documentação de habilitação junto ao cadastro da proposta no sistema eletrônico, isso deverá reduzir o número de licitantes que participam da disputa e ao seu término não enviam a documentação ou parte dela e acabam inabilitados.

A declaração eletrônica de que cumpre os requisitos de habilitação, aliada ao envio prévio da documentação comprobatória, vinculam o licitante e autorizam a administração a, nos casos de descumprimento, aplicar a sanção prevista no artigo 49 do Decreto.

Instrução do Processo

A administração poderá instruir todo o procedimento licitatório por meio do sistema eletrônico de forma a que todos os atos da licitação, desde sua concepção, restem arquivados e registrados de forma digital. Assim procedendo, poderá a administração abster-se do processo físico e serão válidos para todos os efeitos, inclusive para comprovação e prestação de contas, os arquivos e registros digitais.

A disponibilização da ata da licitação se dará imediatamente após o encerramento da sessão pública para acesso livre a todos que tenham interesse em obtê-la.

Os pedidos de esclarecimento poderão ser feitos de forma eletrônica por qualquer interessado na licitação em até 3 (três) dias úteis anteriores à data fixada para a abertura da sessão pública e o pregoeiro terá 2 (dois) dias úteis para responder, podendo, caso queira, solicitar subsídios formais aos responsáveis pela elaboração do edital e de seus anexos. As respostas serão divulgadas pelo sistema e terão caráter vinculante tanto para a administração quanto para os licitantes.

As impugnações, quando for o caso, poderão ser realizadas também até 3 (três) dias úteis antes da data marcada para a sessão pública e o pregoeiro, usando do mesmo procedimento dos pedidos de esclarecimento, terá 2 (dois) dias úteis para decidir. A impugnação não tem efeito suspensivo, podendo, excepcionalmente no entanto, a critério do pregoeiro, motivadamente passar a tê-lo.

Em caso de modificação do edital, os prazos devem ser reabertos, a menos que as alterações realizadas não causem nenhum impacto na formulação das propostas.

O prazo para o envio das propostas e dos documentos de habilitação não será inferior a 8 (oito) dias úteis, contados da data de divulgação do edital.

Critérios de Julgamento

O Decreto traz luz à interpretação do melhor preço em detrimento ao menor preço. Ao determinar no parágrafo único, do artigo 7º, a fixação de critérios objetivos para a definição do melhor preço, considerando os prazos para execução e fornecimento, as especificações técnicas, os parâmetros mínimos de desempenho e qualidade, as diretrizes do plano de gestão de logística sustentável e as demais condições estabelecidas no edital, a SEGES dá ao pregoeiro e sua equipe de apoio a possibilidade de julgar as propostas apresentadas não apenas sob a ótica do menor preço e sim ao composto do melhor preço com a menor proposta.

Com isso, poderá o pregoeiro considerar todos os parâmetros objetivos constantes no edital para, se for o caso, afastar do certame proposta que não demonstre a viabilidade de execução pelo preço proposto, fundamentando sua decisão. O pregoeiro deverá optar pela escolha de proposta que atenda às exigências do edital e que nestas condições detenha a melhor oferta.

Este é o conceito de melhor preço e deve ser utilizado em detrimento da análise crua do menor valor financeiro proposto.

Durante a fase de julgamento de propostas e de habilitação, poderá o pregoeiro sanar erros ou falhas que não alterem a substância das propostas, dos documentos de habilitação e sua validade jurídica.

Eventuais erros formais na proposta podem e devem ser corrigidos a pedido do pregoeiro. Os documentos que deveriam constar inicialmente da proposta, caso não tenham sido inseridos no momento do envio, ao nosso ver, não poderão ser complementados pois iriam ferir o dispositivo legal que proíbe a inclusão de documentos que deveriam constar originalmente no momento do envio.

Porém, documentos complementares que possam embasar o julgamento, a critério do pregoeiro, podem ser solicitados e devem ser enviados pelo licitante no prazo mínimo de 2 (duas) horas, sendo adotado outro maior, caso conste em edital.

Podemos citar como exemplos: contratos e notas fiscais para validar um atestado de capacidade técnica, caso o pregoeiro julgue necessário, ou qualquer outro documento que possa vir a ajudar na fundamentação a ser exarada no processo.

Em relação à habilitação, o artigo 26, em seu parágrafo 2º, dá aos licitantes o direito de utilizar o SICAF ou os sistemas semelhantes mantidos pelos estados e municípios, desde que se assegure aos demais licitantes o acesso aos dados constantes nesses sistemas.

O parágrafo 5°, do artigo 26, informa que a falsidade de declaração de que cumpre os requisitos de habilitação, sujeitará o licitante às sanções previstas no Decreto (vide artigo 49).

Importante observar que ao declarar no sistema eletrônico que atende aos requisitos da habilitação, o licitante que ao ter sua proposta declarada vencedora e consequentemente ter sua habilitação aberta para julgamento, deverá realmente atender a todas as exigências de habilitação previstas no edital.

Não o fazendo, restará ao pregoeiro, em um primeiro momento, declarar sua inabilitação para, na sequência, após encerrado o procedimento licitatório instaurar processo administrativo para apurar as responsabilidades, garantido o contraditório e a ampla defesa, para no caso de condenação aplicar a sanção de descredenciamento do SICAF em prazo a ser definido no edital.

Não cabe ao pregoeiro decidir se abre ou não o processo administrativo, ele tem o dever de solicitar que se instaure este procedimento, pois o artigo 49 do Decreto 10.024/2019 não traz outra possibilidade a não ser a aplicação da sanção, se identificada má-fé do licitante.

Credenciamento ao Sistema

O credenciamento no SICAF permite a participação dos interessados em qualquer pregão na forma eletrônica.

Cabe à autoridade competente o credenciamento do pregoeiro e dos membros da equipe de apoio ao sistema.

Atribuições da Autoridade Competente

Cabe à autoridade competente, levando-se em conta as atribuições previstas no regimento ou no estatuto do órgão, designar o pregoeiro e os membros da equipe de apoio, definir qual será o provedor do sistema, determinar a abertura do procedimento licitatório, homologar o resultado da licitação e celebrar o contrato ou assinar a ata de registro de preços.

Quando houverem recursos, caberá à autoridade superior competente, após o julgamento, o ato de adjudicação do objeto. Esta tarefa originalmente pertence ao pregoeiro, no entanto, existindo recursos, essa atribuição passa para a responsabilidade direta da autoridade superior competente.

Havendo recursos contra os atos do pregoeiro e este, na decisão, vindo a manter sua posição, a autoridade superior competente passa a ter o dever de decidir os recursos, devendo manifestar-se motivadamente a respeito e emanar decisão sobre os fatos relatados.

Ao transferir para a autoridade superior competente o dever de decidir, ao nosso ver, não está solicitando que apenas declare que segue a decisão do pregoeiro ou não, e sim que analise o recurso apresentado, assim como a decisão do pregoeiro e emita parecer fundamentado com o apoio, caso queira, de sua assessoria jurídica e decida sobre o recurso.

Reforçando este entendimento, o Decreto transfere também para a autoridade superior competente o dever de adjudicar o objeto, assim como se considerar o procedimento ilegal, anulá-lo de ofício.

Atribuições do Pregoeiro

Dentre as atribuições do pregoeiro, delineadas no artigo 17, chamamos especial atenção para o poder concedido no inciso VI que é de sanar erros ou falhas da proposta ou da documentação de habilitação, desde que não sejam alteradas a substância dos mesmos.

O pregoeiro no exercício de sua função deverá ter cuidado extremo na aplicação do poder de sanar erros na proposta ou na documentação de habilitação.

No nosso entender, aqueles documentos constantes no edital como condição para habilitação deverão estar presentes no arquivo a ser enviado concomitantemente ao cadastramento da proposta, não podendo ser enviados posteriormente.

A possibilidade é de corrigir eventuais erros formais, tais como, uma assinatura que deveria constar na declaração enviada e que por esquecimento não o foi, a substituição de uma certidão que válida no momento da abertura da sessão pública, encontrava-se vencida no momento da habilitação, sendo permitido ao pregoeiro a consulta nos sítios oficiais para validação da mesma ou se for o caso solicitar que o licitante envie a certidão atualizada como documentação complementar.

Não podemos esquecer que este documento deveria obrigatoriamente constar no envio inicial, sendo permitido seu reenvio apenas neste caso, pois caso contrário não teria cumprido o edital

Valor Estimado ou Valor Máximo Aceitável

O valor estimado, assim como o valor máximo aceitável, quando não constarem expressamente do edital terão caráter sigiloso e somente serão revelados aos licitantes imediatamente após o encerramento do envio de lances. No entanto os mesmos estarão constantemente disponíveis aos órgãos de controle tanto externos como internos.

Sempre que o critério de julgamento for o maior desconto, obrigatoriamente deverá ser informado o valor estimado, o valor máximo aceitável ou o valor de referência para aplicação do desconto.

O sigilo dos valores estimados ou máximos, visa apenas evitar, como hoje ocorre, a publicação pelo valor máximo aceitável, obrigando ao licitante a pelo menos preparar sua proposta antes da publicação. Esta prática irá evitar também que licitantes desavisados venham a ofertar propostas e lances sem o devido cálculo de custos, praticando preços que após a fase de disputa venham a se mostrar inviáveis e possam ocasionar a desclassificação das propostas.

A ampliação da disputa e a busca pelo melhor preço, assim como a tentativa constante de qualificar os licitantes para que seja possível a contratação mais vantajosa para a administração com o menor risco possível, é busca incansável.

Ao não informar no edital o valor mínimo ou o máximo aceitável, a administração busca alcançar uma redução maior no valor da contratação pois evita que os licitantes se mantenham conscientemente próximos ao limite máximo.

Responsabilidade do Licitante

Caberá ao licitante interessado em participar, realizar seu credenciamento junto ao SICAF ou no sistema eletrônico escolhido pelos subnacionais nos casos previstos no §2º do artigo 5º.

O cadastramento no SICAF permite a participação dos interessados em qualquer pregão, na forma eletrônica, exceto quando o seu cadastro no SICAF tenha sido inativado ou excluído, seja por solicitação do credenciado, seja por determinação legal.

Ao licitante caberá avaliar se atende plenamente os requisitos de habilitação para que possa efetivamente participar do processo licitatório. Declarações obrigatórias estão no Comprasnet na página de cadastro de propostas, para que o licitante marque se atende aquelas condições, dentre elas, o mesmo, deverá declarar se cumpre a cota de portadores de deficiência ou de pessoas reabilitadas juntos ao INSS e a declaração de que não emprega menores de 18 anos em trabalho noturno ou insalubre, nem menores de 16 anos a não ser na condição de aprendiz e que não emprega menores de 14 anos.

As declarações emanadas pelos licitantes, são vinculantes, devendo o pregoeiro observar se a declaração de que não cumpre deverá ou não gerar uma inabilitação.

Ora, se o sistema eletrônico pede que o licitante declare se cumpre ou não a cota que lhe cabe em relação aos portadores de deficiência e aos reabilitados pela previdência social e o licitante declara que não o faz, deverá ser inabilitado?

Alguns poderão argumentar que não teria sentido solicitar tal declaração se não fosse caso de inabilitação a declaração que não cumpre este item, porém vemos que muitas variáveis estão presentes nesta questão e a menos que o edital especifique claramente que se o licitante não cumprir este item restará inabilitado o julgamento ficará a critério do pregoeiro.

Até porque este item não consta atualmente no texto do Decreto 10.024/2019, em seu lugar o Decreto, talvez por erro de digitação cita o Art. 78 *Caput* da Lei 8.666/93, artigo este que não se aplica ao contexto.

Portanto enquanto este suposto equívoco não for corrigido, não há o que se falar em desclassificação no tocante a esta declaração especificamente.

Apresentação de Propostas

Após a publicação do edital, o prazo para envio de propostas pelos licitantes interessados, não será inferior a 8 (oito) dias úteis.

Os licitantes no momento do cadastramento das propostas de preços, deverão enviar também, via sistema, os documentos de habilitação previstos no edital.

Na data e hora prevista para a abertura da licitação, o pregoeiro abrirá a sessão pública e realizará uma análise inicial das propostas apresentadas, desclassificando fundamentadamente, aquelas que não estejam de acordo com o edital.

Os documentos de habilitação, ficarão sigilosos para todos os envolvidos no certame, até o encerramento da fase de lances, ocasião na qual será retirado o sigilo da documentação do licitante classificado em primeiro lugar possibilitando sua análise e julgamento.

O pregoeiro, caso julgue necessário, poderá solicitar a complementação de documentos, ao nosso ver, apenas daqueles que não deveriam constar no momento inicial do envio. Podemos considerar como necessidade de complementar, algum documento que tenha tido sua validade expirada durante o processo, desde que tenha sido enviado dentro do prazo de validade ou se o foi fora dele, que pertence a empresas MEI, ME ou EPP e se refiram a qualificação fiscal, quando o licitante, se enquadrado nestas condições terá 5 (cinco) dias para o envio.

<u>Modos de Disputa</u>

Após a análise inicial e classificadas das propostas, o pregoeiro dará início à fase competitiva, a partir deste momento os licitantes poderão enviar lances, exclusivamente pelo sistema eletrônico.

Os licitantes poderão, ao seu exclusivo critério oferecer lances sucessivos, observadas as regras pré-estabelecidas no edital.

Durante o certame, os licitantes serão informados do valor do menor lance válido a cada momento, vedada a identificação dos licitantes.

As ofertas podem ser realizadas sobre o menor preço ou propostas intermediárias de reclassificação.

Duas são as formas de disputa a serem utilizadas na licitação da modalidade pregão, em sua forma eletrônica, são elas:

Modo Aberto;

No momento da abertura da sessão de disputa, por parte do pregoeiro, o sistema eletrônico assume o controle e decorrerão 10 minutos durante os quais os licitantes podem ofertar tantos lances quanto queiram, desde que os mesmos estejam de acordo com o edital.

O edital, quando a licitação ocorrer na forma Aberta, deverá determinar o valor mínimo entre um lance e outro ou o percentual mínimo entre os lances e o sistema verificará se esta regra está sendo atendida, antes de registrar o lance.

Caso nos últimos 2 minutos da fase de lances, houver algum lance, em qualquer posição, o sistema automaticamente iniciará prorrogação de mais 2 minutos, repetindo este procedimento até que no último período não existam lances, ocasião em que a disputa será encerrada.

Porém, se encerrada a fase de lances inicial e o pregoeiro julgue que os lances foram insuficientes para atingir o melhor preço para a administração, poderá justificadamente e com o apoio da equipe, retomar a fase aberta uma única vez.

Entendemos por não existirem lances suficientes, não a discricionariedade do pregoeiro e sim a falta de lances nos últimos 2 minutos da etapa inicial, situação na qual ficaria demonstrado o pouco interesse dos licitantes na disputa.

Modo Aberto e Fechado

A segunda forma de disputa no pregão, em sua forma eletrônica, consistirá de um momento inicial, após a abertura da sessão de disputa de 15 (quinze) minutos, durante os quais os licitantes poderão ofertar seus lances.

Encerrado este tempo, o sistema emitirá aviso de entrada no encerramento iminente, e após este aviso, poderão transcorrer até 10 minutos de disputa com encerramento aleatório. Podendo o sistema encerrar automaticamente a disputa em qualquer momento durante este período.

Após o encerramento aleatório, o sistema irá calcular a margem de 10%

(dez por cento) acima do menor preço, para chamar todas os licitantes que estejam com o preço dentro deste intervalo possam ofertar lances fechados no intervalo máximo de 5 (cinco) minutos, lances estes que permanecerão sigilosos até o término da fase para depois serem reordenados e gerarem a classificação final inicial.

Caso não existam pelo menos 3 (três) licitantes neste intervalo de 10%, o sistema chamará na ordem de classificação, quantos sejam necessários para que tenhamos pelo menos 3 licitantes aptos a ofertar lance fechado e sigiloso, também em 5 minutos.

Caso, convocados três ou mais licitantes no intervalo de 10%, nenhum licitante venha a apresentar lance fechado, o sistema selecionará mais 3 e a eles dará a chance de, caso queiram, ofertar um lance fechado em até 5 minutos.

Após essa fase o sistema reordenará as propostas classificadas.

Somente aqueles que estejam dentro da faixa de 10% do menor preço ou inexistindo lances fechados, os demais que tenham sido convocados para os ofertar, estarão aptos para participar da fase de habilitação.

A norma dá ao pregoeiro em conjunto com a equipe de apoio, em decisão fundamentada, a possibilidade de não havendo licitantes habilitados, reabrir a fase de lances chamando 3 remanescentes para, querendo, ofertar lances fechados.

É a última tentativa para salvar o certame que encontra-se em vias de fracassar.

LC 123

Após o encerramento, seja no modo aberto ou no modo aberto e fechado, o sistema ordenará as propostas e verificará a existência de algum licitante que tenha o direito ao lance de desempate ficto previsto nos artigos 44 e 45 na LC 123, ou seja; MEI, ME ou EPP que se encontrem a até 5% do menor preço.

Os licitantes identificados, serão chamados para, querendo, ofertar lances sobre o menor preço, lances estes que deverão ser realizados no prazo máximo de 5 minutos após a convocação do sistema.

Negociação da proposta

Na licitação que ocorra sob as regras do Decreto 10.024/2019, o pregoeiro deverá obrigatoriamente, encerrada a etapa de lances, enviar pelo sistema contraproposta ao licitante que tenha apresentado o melhor preço, para que seja obtida a melhor proposta.

Fica garantido ao licitante, prazo mínimo de 2 (duas) horas, podendo o edital definir prazo maior, para o envio da proposta ajustada ao desconto ofertado, assim como para algum documento complementar que se faça necessário.

Desconexão do Pregoeiro

No caso da desconexão do pregoeiro do sistema eletrônico, permanecendo a sessão acessível aos licitantes, os lances continuarão sendo recepcionados.

Porém, caso a desconexão persista por tempo superior a 10 (dez) minutos, a sessão pública será automaticamente suspensa e somente poderá ser reiniciada decorridas 24 (vinte e quatro) horas da comunicação do fato aos licitantes, comunicação esta que será realizada obrigatoriamente no sítio eletrônico que foi utilizado para a divulgação.

Habilitação

Para habilitação, o licitante sendo permitido pelo edital, poderá utilizar o SICAF[4] para os documentos nele constantes, desde que o procedimento licitatório esteja sendo realizado por órgão ou entidade integrante do SISG[5] ou por aqueles que vierem a aderir ao SICAF.

Os documentos que não estejam no SICAF, deverão ser enviados concomitantemente ao cadastramento da proposta de preços.

A substituição de documentação pelo SICAF, será possível para a Habilitação Jurídica, Habilitação Econômico-financeira, Regularidade fiscal e trabalhista, Regularidade fiscal quanto às fazendas públicas estaduais, distritais e municipais. Desde que constem no SICAF.

Quando se tratar de licitação executada pelo Distrito Federal, pelos Estados ou pelos Municípios, poderá ser utilizado o cadastro específico de cada um deles, desde que disponível para a consulta pelos demais licitantes.

Em caso de licitações em que for permitida a participação de empresas estrangeiras, a documentação deverá, ser traduzida, inicialmente com tradução livre.

Caso declarado vencedor, deverá o licitante apresentar os documentos traduzidos por tradutor juramentado no país e apostilados ou validados pelo consulado do país no brasil.

Se permitida a participação de consórcio as empresas integrantes do mesmo deverão apresentar o compromisso de constituição do consórcio, indicar a empresa líder, sendo esta a que terá que atender as condições de liderança e representará as consorciadas perante a união.

As condições de habilitação deverão ser comprovadas por cada empresa consorciada, e a capacidade técnica será feita pelo somatório dos quantitativo de cada empresa, de acordo com as regras emanadas no edital.

O consórcio deverá ser liderado por empresa brasileira e fica vedada a participação de empresa consorciada, na mesma licitação por meio de outro consórcio ou individualmente.

O pregoeiro poderá, a seu exclusivo critério, validar certidões por meio de consulta aos sítios oficiais, constituindo meio eficaz de prova para habilitação.

Do Sistema de Registro de Preços

Quando pregão, na forma eletrônica para o sistema de registro de preços, caso a proposta do licitante vencedor não atenda ao quantitativo total estimado, poderá o pregoeiro convocar tantos licitantes quanto se façam necessários para complementar o total estimado, respeitada o ordem e classificação sendo porém observado e mantido o preço da proposta vencedora. Nestes casos, o pregoeiro, procederá à habilitação de cada um dos licitantes de acordo com as condições exigidas no edital.

Importante lembrar que pelas regras do sistema de registro de preços - srp, emanadas do Decreto 7.892/2013, os licitantes que aceitarem fazer parte do cadastro de reserva, estarão obrigados ao preço do vencedor.

Do Sistema de Dispensa Eletrônica

O sistema de dispensa eletrônica, virá substituir a consulta eletrônica e estará disponível para todas as contratações permitidas pelo artigo 24 da Lei 8.666/93, não estando mais limitado a produtos.

Respeitados os limites previstos nos incisos I e II do artigo 24 da Lei 8.666/93, ou seja: R$ 17.600,00 para a aquisição de bens e a contratação de serviços comuns, ou R$ 33.000,00 para a contratação de serviços comuns de engenharia.

No momento do início da vigência da norma, 28/10/2019, o sistema de dispensa eletrônica ainda não está disponível, aguardando que um ato futuro do Secretário de Gestão da Secretaria Especial de Desburocratização, Gestão e Governo Digital do Ministério da Economia, emita orientação para estabelecer os prazos para implementação desse dispositivo.

No entanto, existe orientação da SEGES para que as dispensas de licitação previstas no artigo 24 la Lei 8.666/93 sejam realizadas por meio da funcionalidade: cotação eletrônica até ulterior deliberação.

Acredita-se que até janeiro de 2021 o sistema de dispensa eletrônica esteja disponível e operando normalmente em substituição a consulta eletrônica.

Da Revogação ou Anulação

O Artigo 50 da norma, garante que o procedimento licitatório somente poderá ser revogado existindo interesse público, por motivo de fato superveniente devidamente comprovado, pertinente e suficiente para justificar a revogação, assim como deverá anulá-lo por ilegalidade, se provocado por terceiros ou de ofício por ato escrito e fundamentado.

Ao incluir este artigo na norma, a SEGES, visa também a proteção dos licitantes pois apenas permite a revogação na existência de fato ocorrido após a publicação e que seja relevante o suficiente para causar esta revogação, ou quando detectada ilegalidade durante o processo, pela administração ou se provocada por terceiros.

Da Sanção

O artigo 49 traz para a licitação na modalidade pregão, em sua forma eletrônica a sanção já prevista para o pregão em sua forma presencial, ou seja, o impedimento de licitar e contratar com a administração pública e o descredenciamento do SICAF por até 5 (cinco) anos, para aqueles licitantes que convocados dentro do prazo de validade de sua proposta, se recusem a assinar o contrato ou a ata de registro de preços, não entreguem a documentação exigida no edital, apresentem documentação falsa, venham a causar atraso na execução do objeto, não mantenha sua proposta, falhe ou cometa fraude na execução do contrato, comportar-se de modo inidôneo, cometer fraude fiscal ou apresentar declarações falsas.

As mesmas sanções, se aplicam aos integrantes do cadastro de reserva em pregão para o registro de preços, que convocados não honrarem os compromissos assumidos sem justificativa ou com justificativa recusada pela administração pública.

Decretos Revogados e Vigência

O Decreto 10.024/2019, revoga os Decretos nº 5.450 de 31 de maio de 2005 e o nº 5.504 de 05 de agosto de 2005 e tem sua vigência a partir de 28 de outubro de 2019, devendo conviver harmonicamente com a nova lei de licitações, que quando aprovada e sancionada, deverá conviver com a Lei 8.666/93 por um período de transição de 2 anos.

Após este período o Decreto 10.024/2019, deverá ser revogado, já que tudo o que nele está previsto, consta no projeto de lei aprovado pela câmara dos deputados com alterações, tendo em virtude disso retornado ao senado federal, encontra-se em fase final de tramitação.

Espera-se que até meados de 2021, a nova lei receba a sanção presidencial e venha contribuir sobremaneira para modernizar os processos licitatórios no Brasil.

---

[1] SEGES - Secretária de Gestão vinculada ao Ministério da Economia.

[2] Subnacionais: Divisão administrativa ou politica de um país, nesse caso Distrito Federal, Estados e Municípios.

[3] Heterogeneidade: aquilo que não possui uniformidade, que é composto por partes distintas.

[4] Sistema de Cadastramento Unificado de Fornecedores - SICAF

[5] Sistema de Serviços Gerais - SISG